Hans-Peter Oswald:

Die Swiss-Domain - die zweite Länder-Domain der Schweiz

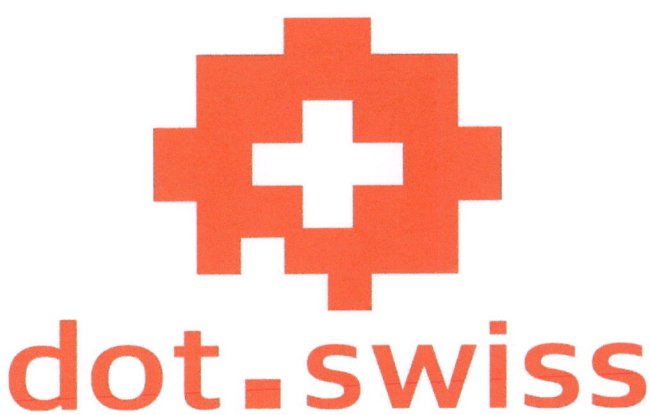

VORWORT

ICANN führt ab 2. Quartal 2013 ca. 1200 neue Domains ein. Dadurch ergeben sich für Firmen Gefahren und Chancen. ICANN Registrar Secura nimmt ab sofort kostenfreie Vor-Registrierungen entgegen.

Die Domains gehören drei Bereichen an:

a) Geo-Domains

Sie können unter Städte-Domains wie .koeln, .berlin, .hamburg oder .wien und unter regionalen Domains wie .bayern, .nrw, .saarland oder .tirol Ihren Firmennamen, Ihre Marken oder sonstige wichtige Begriffe registrieren. Durch die Registrierung einer solchen Domain stärken Sie die regionale Vermarktung Ihrer Produkte.

b) Gesellschaftsformen-Domains

Damit meinen wir Domains wie .gmbh, .ltd, .llc, .llp, .srl und .sarl. Sie können Ihren Firmennamen mit dem Zusatz .gmbh registrieren und die Firmennamen Ihrer Tochtergesellschaften im Ausland beispielswiese mit dem Zusatz .ltd. Sie erreichen dadurch einen prägnante Formulierung, die gut merkfähig ist und damit Ihre Marketing-Chancen erhöht.

c) Generische Domains

Sie können unter allgemeinen Domains wie z.B. .versicherung oder .reise registrieren, die zu Ihrer Firma passen. Dadurch werden Ihre Domains kürzer und merkfähiger, weil Sie z.B. als Beta-Versicherung GmbH nicht mehr sich im Internet als beta-versicherung.com präsentieren müssen, sondern einfach als beta.versicherung präsentieren können.

d) IDN

Zahlreiche Bewerbungen drehen sich um Domains mit kyrillischen, chinesischen und arabischen Schriftzeichen,.z.B. bewirbt sich Verisign um .com in kyrillisch. Diese IDNs haben mt den früheren IDNs zwar gemeinsam, daß links vom Punkt Sonderzeichen stehen können, aber es geht hier im Wesentlichen darum, daß die Top Level Domain selbst aus Sonderzeichen besteht - also die Zeichen rechts vom Punkt.

ICANN hat entschieden, diese Bewerbungen mit Sonderzeichen zuerst zu begutachten. Allgemein wird das so verstanden, daß die IDN-Bewerbungen in dem Verfahren von ICANN einen Wettbewerbsvorteil erhalten.

e) "Single-Use"-Domains

Eine fünfte Gruppe von Domains wird von den Bewerbern für den eigenen Gebrauch beansprucht. Sie sind daher nicht von der Allgemeinheit registrierbar.

Hans-Peter Oswald

http://www.domainregistry.de/neue-domains.html
http://www.domainregistry.de/neue-tlds.html
http://www.domainregistry.de/idn-domains.html

Kapitel 1:

Die Geo-Domains von ICANN: Domains von Seperatisten?

ICANN führt eine ganze Reihe von Geo-Domains ein.
Um das Besondere an den Swiss-Domains zu verstehen,
ist ein Vergleich mit anderen Geo-Domains sinnvoll.

Schottland hat sich gegen die Unabhängigkeit ausgesprochen. Im Internet wird sich Schottland mit den Scot-Domains dennoch unabhängig von den britischen uk-Domains machen. Auch Bayern wird mit den Bayern-Domains ein Stück Unabhängigkeit im Web verwirklichen. Am 30. September startet die Live-Phase der Bayern-Domains, in der jeder registrieren kann.

Die Beantragung von Geo-Domains in ICANNs Programm für New Top Level Domains folgte nicht etwa nur technischen Gesichtspunkten. Besonders die Regionen, die Tendenzen zur Autonomie oder gar Separatismus aufweisen, sind unter den Kandidaten für neue Geo-Domains gut vertreten.

Die Beantragung einer neuen Top Level Domain als Ausdruck für politische und kulturelle Autonomie trifft mit Sicherheit auf folgende Domains zu:

1. ICANN hat die Bewerbung for .eus-Domains gebilligt (http://www.domainregistry.de/eus-domains.html). Dies ist die Domain für das Baskenland. Die Tendenzen zu Separatismus und Autonomie im Baskenland sind hinlänglich bekannt. Der Domainname leitet sich vom Namen des Baskenlandes in baskischer Sprache ab. Probleme bei dieser Bewerbung um .eus

sehen Fachleute darin, daß die Ähnlichkeit dieser Domain zu .eu - der Domain Europas - sehr groß ist.

2. ICANN hat der Bewerbung für .barcelona-Domains zugestimmt. (http://www.domainregistry.de/barcelona-domains.html). Man liegt sicherlich nicht falsch, wenn man diese Domain auch als Ausdruck des Unabhängigkeitsstrebens von Katalonien betrachtet, deren Hauptstadt Barcelona ist. Auch das kürzliche Verbot des Stierkampfes in Katalonien hat sicherlich nicht nur Tierschutzgründe, sondern kann auch als Abgrenzung von Rest-Spanien verstanden werden. Die katalonische Gemeinschaft hat bereits die Domain .cat, die die erste Regio-Domain darstellt, also eine Domain, die sich nicht auf ein Staat oder Land, sondern auf eine Region bezieht. (http://www.domainregistry.de/cat-domains.html).

3. ICANN stimmte auch der Bewerbung für .gal-Domains zu, das für das spanische Galizien steht(http://www.domainregistry.de/gal-domains.html). Auch in Galizien gibt es starke Autonomiebestrebungen.

4. ICANN hat der Domain .bzh-Domains grünes Licht gegeben(http://www.domainregistry.de/bzh-domains.html). Dieses Kürzel steht für die Bretagne. Die Autonomiebestrebungen der Bretonen sind seit langem bekannt.

5. Von Korsika stammt die Bewerbung um .corsica-Domains (http://www.domainregistry.de/corsica-

domains.html). Bereits Napoleon hatte mit den Separatisten-Bewegungen auf Korsika Probleme.

6.Auch .scot-Domains ist Ausdruck eines Unabhängigkeitsstrebens (http://www.domainregistry.de/scot-domains.html),das sich auch in der politischen Abstimmung über die Unabhängigkeit Schottlands niederschlug.

7. Ähnliches gilt auch für die Bewerbungen aus Wales. Wales bekam gleich zwei Domains: .wales-Domains und .cymru-Domains.(http://www.domainregistry.de/wales-domains.html und http://www.domainregistry.de/cymru-domains.html). Hier ist allerdings wohl die kulturelle Komponente stärker als die unmittelbar politisch.

8. Aus Belgien stammen die Bewerbungen für .vlaanderen-Domains und .brussels-Domains (http://www.domainregistry.de/vlaanderen-domains.html und http://www.domainregistry.de/brussels-domains.html). Von einer neuen Domain .wallonie ist noch nichts bekannt, aber das kann ja noch in der Zukunft kommen. Belgien droht bekannterweise in Wallonien, Flandern und Brüssel zu zerfallen.Darüber hinaus gibt es in Ostbelgien auch eine starke deutsche Gemeinschaft, die allerdings an dem Zentralstaat festhält.

9. ICANN hat die quebec-Domain erlaubt. (http://www.domainregistry.de/quebec-domains.html).

Die neue Regierungspartei in Quebec strebt die Loslösung Quebecs von Kanada an.

10. Auch die Bayern-Domains kann man als Ausdruck des Autonomie-Strebens des Freistaates Bayern sehen (http://www.domainregistry.de/bayern-domains.html).
Auch wenn nicht so viele Bayern soweit gehen würde, wie CSU-Mitglied Scharnagl, der die Unabhängigkeit Bayerns wie die Bayern-Partei fordert, so halten doch viele Bayern ihr Land für etwas Besonderes.

11. Aus dem österreichischen Tirol stammt die Bewerbung für .tirol-Domains. (http://www.domainregistry.de/tirol-domains.html).
Dahinter steckt sicherlich nicht ein Streben Tirols aus der Republik Österreich auszutreten, aber man geht nicht fehl in der Annahme, daß unter der Domain .tirol eine von vielen Tirolern gewünschte Wiedervereinigung des italienischen Südtirols mit dem österreichischen Tirol stattfindet.

Fördern einschlägige Geo-Domains nun den Separatismus? Mit Sicherheit sind die eifrigsten Separatisten der jeweiligen Regionen auch für die eigene Domain. Man kann natürlich auch die Meinung vertreten, daß die eigene regionale Domain Ausdruck von Autonomie ist und eine umfassende Autonomie für viele Vertreter von regionalen Interessen ein Ersatz für die tatsächliche politische Abspaltung ist.

Die neuen Top-Level-Domains mit Bezug auf Städtenamen (z.B. .koeln, .berlin, .hamburg, .wien, usw.) oder Regionen (.bayern, .nrw, .saarland, .tirol, usw.) stärken die lokale und regionale Präsenz der Marken und Produkte eines Unternehmens.

Firmen sollten erwägen solche Domains zu registrieren, wenn sie bedeutende Niederlassungen oder Handelsschwerpunkte an Orten haben, die jetzt als Geo-Domains, genauer "City Domains", registrierbar sind. Oft haben diese Metropolen und Regionen einen hohen Anteil am Wirtschaftsvolumen des jeweiligen Landes.

Bei stetig steigender Informationsmenge ist die lokale Präsenz im Internet von steigender Bedeutung. Der Verkauf der Produkte und Serviceleistungen findet zum großen Teil vor Ort statt.

Suchmaschinen werden bei der Verarbeitung von Suchanfragen auch Ergebnisse mit lokalem Bezug auswerfen -vor allem auch, weil der Benutzer seine aktuellen Standortdaten über IP-Adressen und Cookies zur Verfügung stellt. Google & Co. werden zukünftig auch lokale und regionale Domains stärker berücksichtigen als nationale oder internationale. Die Betreiber einer Webseite können eine Webseite über eine Geo-Domain so strukturieren, daß die zurückgegeben Informationen mit Hinblick auf lokale Schwerpunkte Zusatzinformationen enthalten, die auf der nationalen Webseite nicht zu finden sind, wie z.B. Kontaktdaten, Veranstaltungen mit lokalem/regionalem Bezug, Public Relations usw.

Hans-Peter Oswald von domainregistry.de:" Wer eine Niederlassung in einer Stadt betreibt, die jetzt eine City-Domain erhält, sollte eine Registrierung prüfen."

Hans-Peter Oswald
http://www.domainregistry.de/neue-domais.html
http://www.domainregistry.de/bayern-domains.html

Kapitel 2:

Swiss-Domains: Wo .Swiss draufsteht, ist Schweiz drin

Was? Die Schweiz führt eine neue Domain ein. Das kann doch nicht sein. Die Schweiz hat doch bereits eine Domainendung: die ch-Domain. Die Schweiz leistet sich dennoch einezweite Domain: die Swiss-Domain.

Laut Berichten gibt es bereits 40.000 Vor-Bestellungen für die Swiss-Domains. Die Sunrise Period der Swiss-Domains läuft seit dem 7. September. In der Sunrise-Period dürfen nur Inhaber besonderer
Rechte eine Domain erwerben.

Die Swiss-Domain ist eine ganz besondere Domain mit besonderen Bedingungen.

Der Domaininhaber muß eine Firma mit Hauptsitz oder einer Niederlassung in der Schweiz sein.
"Schweizermacher" sind nicht erwünscht. Oder mit anderen Worten: Eine Treuhand-Lösung ist nicht möglich.

Man kann sich für Swiss-Domains nur bewerben. Für generische Begriff ist es ratsam, ein Dossier einzuschicken.

Die Registrierungsstelle behält sich die Zuteilung von Swiss-Domains vor.

Um die Qualität der Inhalte der Swiss-Domains sicherzustellen, werden die Namen darin nicht nach dem verbreiteten Prinzip "first come - first served" zugeteilt. Die Gesuchsteller müssen einige Kriterien erfüllen und die vorgesehene Verwendung untersteht Bedingungen.

Die Registrierungsstelle unterzieht daher die eingehenden Gesuche einer Vorprüfung.

In der ersten Zeit können nur juristische Personen berücksichtigt werden. Eine Öffnung für natürliche Personen ist später möglich, aber zurzeit nicht geplant.

Die Gesuchstellenden müssen zwingend einen genügenden Bezug zur Schweiz nachweisen, zum Beispiel über einen Sitz der Gesellschaft und einen physischen Verwaltungssitz in der Schweiz verfügen. Die beantragte Bezeichnung muss in einer zugelassenen Kategorie enthalten sein und die Verwendung muss rechtlich zulässig sein.

Die Gesuchsteller müssen zudem einen objektiven Bezug zur beantragten Bezeichnung nachweisen. Bei einer Markenbezeichnung oder einer Firmenbezeichnung muss der Gesuchsteller über das Recht daran verfügen. Ein Name einer öffentlich-rechtlichen Körperschaft ist für diese reserviert, gerade für Kantone, deren Abkürzungen und Gemeinden. Bei geographischen Bezeichnungen muss ein Recht daran vorliegen, oder eine Bewilligung der zuständigen öffentlich- rechtlichen Körperschaft (zum Beispiel das Kaffeemaschinen-Unternehmen Jura mit dem Kanton Jura).

Generische Namen von besonderem Interesse für einen Teil oder die ganze schweizerische Gemeinschaft wie zum Beispiel "hotel.swiss", "sport.swiss", "bank.swiss" bilden eine separate Kategorie. Sie werden mit einem

eigenen   Prozess   behandelt,   den
Namenszuteilungsmandaten.

Die Eröffnung von .swiss erfolgt in zwei Schritten. In der Startphase der privilegierten Zuteilung ("Sunrise") vom 7. September bis am 9. November 2015 können nur bestimmte Kategorien von Anwendern ein Gesuch stellen:

-die Inhaber von im Trademark Clearing House (TMCH) der ICANN eingeschriebenen Marken
- öffentliche-rechtliche Körperschaften
- Inhaber von in der Schweiz geschützten Marken und anderen Kennzeichenrechten

Diese Liste bildet gleichzeitig die Hierarchie in diesen drei Kategorien ab. Falls mehrere Gesuche für den gleichen Namen gleichzeitig bestehen, wird eine im TMCH eingeschrieben Marke bevorzugt - allerdings nur während der Lancierungsphase. Auf der nächsten Stufe wird eine öffentliche-rechtliche Körperschaft gegenüber einer geschützten schweizerischen Marke bevorzugt - ausser es kommt eine Vereinbarung anderen Inhalts zwischen den beiden zu Stande.

In der zweiten Phase der vollständigen Eröffnung und dem normalen Betrieb ab dem 11. Januar 2016 steht .swiss allen juristischen Personen offen.

Einige generische Namen sind für einen Teil oder die ganze schweizerische Gemeinschaft von Interesse. Im Interesse maximalen Nutzens für einen möglichst

19

grossen Teil der betroffenen Gemeinschaft werden diese mit einem Mandat zugeteilt.

Gesuchstellende für diese Namen müssen einen wichtigen Teil oder die gesamte betroffene Gemeinschaft repräsentieren und den Nutzen der vorgesehenen Anwendung für die ganze Gemeinschaft aufzeigen. Ein Dossier kann spontan oder auf Ausschreibung eingereicht werden und dient dem BAKOM zur Prüfung und Entscheidung. Bei mehreren Gesuchen wird das bevorzugt, dessen Projekt der betroffenen Gemeinschaft den klar grösseren Mehrwert bringt. Dabei erfolgt die Zuteilung für eine (noch nicht festgelegte) Frist und die zugeteilten Namen müssen verwendet werden. Natürlich gelten auch für Namenszuteilungsmandate die allgemeinen Bedingungen von .swiss .

Namenszuteilungsmandate können sich auf mehrere verbundene Bezeichnungen beziehen (zB hotel, hotels, albergo). Diese Verbindung beugt Verwechslungen vor, die vorkommen könnten, wenn einer Stelle hotel und einer anderen hotels zugeteilt würde. Alle gewünschten Bezeichnungen sind im gleichen Registrierungsgesuch anzugeben

Wer ein Unternehmen in Zürich besitzt, hat demnächst die Auswahl zwischen drei Schweizer Domainendungen: den ch-Domains, den Swiss-Domains und den Zuerich-Domains.

Den Zusammenhang zwischen einem besseren Ranking in Suchmaschinen und den Neuen Top-Level-Domains hat eine Studie von Searchmetrics für die

Berlin-Domains bereits erwiesen. Webseiten mit Berlin-Domains sind bei regionalen Suchanfragen in Google häufig besser platziert als Webseiten mit .de-Domains und .com-Domains. Das Ergebnis der Searchmetric-Studie lässt sich wie folgt zusammenfassen:

"Bei 42% der Suchanfragen ranken .berlin-Domains lokal besser."

Eine weitere Studie von Total Websites in Houston zeigt, dass die Ergebnisse der Searchmetrics-Studie prinzipiell auf alle Neuen Top-Level-Domains übertragbar sind, also auch auf die neuen Swiss-Domains und Zuerich-Domains. Total Websites stellt fest, dass Google die Domainendungen der Neuen Top-Level-Domains als wichtiges Kriterium für die Bewertung einer Domain heranzieht und kommt daher zu folgendem Schluss:

"Es ist klar, dass die Neuen Top-Level-Domains das Ranking in Suchmaschinen verbessern."

Marc Müller
http://www.domainregistry.de/swiss-domains.html
http://www.domainregistry.de/ch-domains.html
http://www.domainregistry.de/zuerich-domains.html

Kapitel 3:
Warum Swiss-Domains?

Warum sollten Schweizer Firmen und internationale Firmen mit Niederlassungen in der Schweiz neben der bereits existierenden Ch-Domain noch eine Swiss-Domain registrieren?

Die neuen Swiss-Domains weisen zwei Vorteile auf: 1. Wo .Swiss draufsteht, ist ganz sicher Schweiz drin. Die Swiss-Domains sind ein eindeutiger Hinweis auf die Herkunft aus der Schweiz 2. Die Swiss-Domains bieten ein besseres Ranking bei Google im Vergleich zu anderen Domainendungen. Die .ch-Domains kann jeder weltweit registrieren. Eine .ch-Domain ist also keine Garantie und kein Markenzeichen für »Made in Switzerland«. Die neue Swiss-Domain ist anders konzipiert: Nur Schweizer Firmen und ausländische Firmen mit einer Niederlassung in der Schweiz dürfen Swiss-Domains registrieren.

Die Registrierungsstelle forumuliert das Alleinstellungsmerkmal der Swiss-Domains mit diesen Worten:

"Die Top Level Domain .swiss schafft für deren Träger Mehrwert, weil sie

-die Herkunft und die Verankerung von Schweizer Unternehmen und Organisationen unmissverständlich aufzeigt -die Identifikation mit der Marke Schweiz und deren Werten unterstreicht -dem Webauftritt von Schweizer Organisationen die Exklusivität verleiht, die er verdient -die Schweizer Marken im Heimmarkt und weit über die Landesgrenzen hinaus profiliert."

Es existieren aber noch eine Reihe weiterer Vorteile. Selbst für Schweizer Ohren ist "ch" nicht so eingängig wie das englische "swiss". Das bedeutet, daß eine Domain unter .Swiss eine höhere Merkfähigkeit besitzt als eine Ch-Domain. Die Swiss-Domains besitzen in vielen Fällen viel Charme, weil die Kombination von Firmennamen+.Swiss so eingängig und selbstverständlich klingt. Die natürliche Logik einer Verbindung eines Schweizer Firmennamen mit .Swiss verleiht den Swiss-Domains im Vergleich zu den Ch-Domain noch eine zusätzliche Merkfähigkeit, die den phonetischen Vorteil von .Swiss im Vergleich zu .ch noch verstärkt.

Es spricht daher vieles dafür, außer der vorhandenen Ch-Domain noch eine Swiss-Domain zu registrieren. Die Swiss-Domain kann übrigens problemlos auf die Ch-Domain weitergeleitet werden, falls man nicht in einen eigenständigen Webauftritt unter .Swiss investieren will. Auch eine Aufteilung, z.B. Ch-Domain in den vier Schweizer Landessprachen, und die Swiss-Domain in englisch, kann für viele Schweizer Firmen und internationale Firmen mit Schweizer Niederlassungen sinnvoll sein.

In der Sunrise Phase können Sie mit einer Schweizer Marke, einer in der Schweiz gültigen internationalen Marke, einem Schweizer Handelsregisterauszug oder einer Marke, die beim Trademark Clearinghouse angemeldet ist die gleichlautende Domain bestellen. Die Sunrise Period ging vom 7.September 2015 – 9. November 2015.

Die General Availability Phase startet am 11. Januar 2016.

Hans-Peter Oswald
http://www.domainregistry.de/swiss-domains.html
http://www.domainregistry.de/swiss-domain.html
http://www.domainregistry.de/ch-domains.html
http://www.domainregistry.de/zuerich-domains.html

Kapitel 4:

Swiss-Domains: More Swissness is not possible

The registry writes about .swiss, that this new domain extension

"-unmistakably indicates the origin and the base of Swiss businesses and organisations.

-underlines identification with the Swiss brand and its values.

-gives the web presence of Swiss organisations the exclusivity they deserve.

-raises the profile of Swiss brands far beyond the national frontiers."

Only companies with settlements in Switzerland can apply for .swiss. Anyboy can apply for .ch-Domains. More "swissness" than with .swiss is not possible at the web. If it's swiss, make it .swiss!

The relationship between better ranking and the new top-level domains was proved by a study of Searchmetrics for Berlin-domains. Websites with Berlin-Domains frequently place better than websites with .de domains and .com domains in regional searches at Google. The result of the study by Searchmetrics can be summarized as follows:

"42% of searches show that .berlin domains rank better locally ."

The study of total sites in Houston shows that the results by Searchmetrics can be generalized to all new top level domains, including the new Swiss-Domains and Zurich-Domains: It was proved that Google uses the domain endings of the New Top Level Domains as a key element for the assessment of domains. Total sites draws as a conclusion:

"It is clear that the new top-level domains improve the ranking in search engines. "

Hans-Peter Oswald
http://www.domainregistry.de/swiss-domain.html
http://wwww.domainregistry.de/swiss-domains.html
http;//www.domainregistry.de/zuerich-domain.html

http://www.domainregistry.de/ch-domain.html

Kapitel 5:

Domini .Swiss: Se c'è Svizzera, c' è .swiss!

I nuovi domini .Swiss offrono due vantaggi:

1. Dove v'è scritto .swiss v'è sicuramente dentro la Svizzera. I domini .swiss sono un chiaro indizio dell'origina svizzera.

2. I domini .swiss offrono un ranking migliore su Google rispetto ad altri domini.

I domini .ch possono essere registrati da chiunque in tutto il mondo. Un dominio .ch dunque non è una garanzia e non è un marchio per il "Made in Switzerland". Il nuovo dominio .swiss è concepito in maniera diversa: solo ditte svizzere e imprese estere con sede in Svizzera possono registrare i domini .swiss.

Uno studio condotto da Searchmetrics per il dominio .berlin ha già mostrato la connessione tra un ranking migliore nei motori di ricerca e i nuovi domini di primo livello. Nelle ricerche regionali su Google, siti con i domini .berlin sono spesso in posizioni migliori dei siti con i domini .de o .com. Il risultato principale dello studio Searchmetrics può essere riassunto in un'unica frase:

"Nel 42% delle ricerche i domini .berlin hanno un piazzamento locale migliore."

Un altro studio di Total Websites a Houston mostra che i risultati dello studio Searchmetrics si possono applicare a tutti i nuovi domini di primo livello, e quindi anche ai nuovi domini .swiss e .zuerich. Total Websites riscontra che Google ritiene le nuove

desinenze dei domini di primo livello un criterio importante per la classificazione di un dominio e quindi trae la seguente conclusione:
"È chiaro che i nuovi domini di primo livello migliorano il piazzamento nei motori di ricerca."

I costi della registrazione del dominio sono uguali nella fase Golive e nel periodo Sunrise.

Lei può ordinare un dominio con lo stesso nome di una marca svizzera, una marca internazionale valida in Svizzera o di un estratto del registro di commercio già nel periodo Sunrise (7 settembre 2015 - 9 novembre 2015) e non deve aspettare la fase Golive che comincia a gennaio 2016. Ovviamente esiste il rischio che altri utenti vogliano registrare lo stesso nome di dominio che interessa a Lei.

Ogni dominio .swiss che è basata su nomi propri costa in ogni fase 199 EUR all'anno. Inoltre ci sono costi una tantum di 250 EUR per l'iscrizione al Trademark Clearinghouse, ma solo se nel periodo Sunrise Lei vuole registrare uno dominio .swiss con un marchio non svizzero.

Hans-Peter Oswald
http://www.domainregistry.de/swiss-domain.html
http://www.domainregistry.de/swiss-domains.html

Kapitel 6:

Nouveaux domaines .swiss: Qui dit Suisse, dit .swiss!

Pourquoi des entreprises suisses et des entreprises internationales avec implantations en Suisse devraient-elles se procurer un nom de domaine .swiss en plus du nom de domaine .ch ?

Les nouveaux domaines .swiss présentent deux avantages :
1. Là où il y marqué .swiss, l'on peut être sûr qu'il y aura quelque chose de suisse. En effet, les domaines .swiss sont un indice sans équivoque de la provenance de Suisse.
2. En comparaison avec d'autres noms de domaines, les domaines .swiss offrent un meilleur Ranking sur Google. Un nom de domaine .ch peut être enregistré n'importe où dans le monde et il n'est donc pas une garantie ou une marque de fabrique du « Made in Switzerland ». Le nouveau domaine .swiss fonctionne différemment : Les entreprises suisses et les entreprises internationales avec implantations en Suisse sont les seuls qui ont la permission d'enregistrer un domaine .swiss.

La société de registration présente son argument clé de vente des domaines .swiss:

Le domaine Top Level .swiss apporte une plus-value à son acquéreur car il démontre sans confusion :
- que l'entreprise suisse ou l'organisation s'identifie avec la marque Suisse et ses valeurs
- qu'ils confèrent l'exclusivité de leur présence internet à des organisations suisses ce qui leur est bénéfique

- que les marques suisses se profilent non seulement dans le marché intérieur mais aussi loin au-delà des limites nationales

Mais il existe encore une rangée d'avantages supplémentaires. Aux oreilles des suisses eux-mêmes, « .ch » n'est pas aussi clair que l'anglais « .swiss ». Cela signifie qu'un domaine .swiss aura une meilleure capacité à être retenu qu'un domaine .ch. Les domaines .swiss disposent souvent de beaucoup de charme car le nom d'entreprise+.swiss est si clair et il sonne naturel. La logique naturelle de la liaison d'une entreprise suisse avec .swiss ajoute confère encore un plus à l'avantage phonétique du domaine .swiss par rapport au domaine .ch

Il y donc plusieurs raisons d'enregistrer un domaine .swiss en plus du domaine .ch. Le domaine .swiss peut sans soucis être dévié vers le domaine .ch si vous ne souhaitez pas investir dans une page internet .swiss autonome. Créer des partitions du domaine .ch dans les quatre langues nationales et utiliser le domaine .swiss en anglais peut également être riche de sens pour plusieurs entreprises suisses et entreprises internationales avec implantations en suisse.

Pendant la période Sunrise, vous pouvez commander le domaine correspondant à votre nom de marque valable en Suisse, votre nom dans le registre du commerce Suisse ou une marque annoncée au Trademark Clearinghouse. La période Sunrise dure du 7 septembre 2015 au 9 novembre 2015.

La période General Availability démarre le 11 janvier 2016. Toutefois, il y a plus de risque que d'autres personnes souhaitent le même nom de domaine que vous.

C'est pourquoi les experts de domaines conseillent de contrôler maintenant si les noms de domaine souhaités sont couverts ou non par un nom d'entreprise ou une marque suisse. Le nom de domaine n'a pas besoin de correspondre exactement au nom d'entreprise mais il doit exister un lien objectif entre le nom d'entreprise et le nom de domaine.

Lorsqu'une demande de registration se fait pendant la période Sunrise cela ne provoque pas de coûts pour le candidat. Les coûts de la registration de domaine sont les mêmes que pendant la période General Availability. C'est pourquoi il vaut la peine pour les entreprises suisses et les entreprises internationales avec implantations en Suisse de s'assurer de la disponibilité du nom de domaine souhaité pendant la période Sunrise.

Hans-Peter Oswald
http://www.domainregistry.de/swiss-domains.html
http://www.domainregistry.de/swiss-domain.html
http://www.domainregistry.de/ch-domains.html
http://www.domainregistry.de/zuerich-domains.html

Kapitel 7:

Auszug aus der Bewerbung von .Swiss bei ICANN

18(a). Describe the mission/purpose of your proposed gTLD.

The purpose of the TLD .swiss is to serve the Swiss community, defined as the community of individuals, legal entities and public institutions with a bona fide presence in Switzerland. (See responses to Question 20 regarding community delineation).

The goals of the .swiss TLD are:

(a) to facilitate digital communications to, from and within the Swiss community;
(b) to support and promote the international visibility and renown of Switzerland and the Swiss community, Swiss culture, monuments and institutions, as well as economic and social activities, in the common interest of the Swiss community;
(c) to represent a long-term community-wide shared effort to strengthen the value and prestige of Swiss arts, culture, products and services, to meet consumer expectations and enhance consumer confidence;
(d) to preserve the geographical, linguistic and social meaning of the word "Swiss";
(e) to provide a platform for the development of the Swiss community in cyberspace.

This is to be achieved by:
(i) actively designing and developing the .swiss TLD name space as a highly distinctive label of merit;
(ii) ensuring that registrations of domains in the .swiss TLD are reserved to content generally accepted as truly

36

and deservedly representative of the label "Swiss" in accordance with the relevant Swiss legislation;
(iii) operating the .swiss TLD under the stewardship of the Swiss federal government in consultation with the regional (cantonal) and local public authorities of Switzerland as well as private sector stakeholders;
(iv) using the .swiss TLD as an internationally distinctive label for renowned products, services, monuments and places of Switzerland;
(v) promoting and continuously improving the concept of "Swiss Quality" in products and services from Switzerland;
(vi) protecting the label "Swiss" as an indication of origin or source;
(vii) applying the fundamental principle of prudence: starting with a conservative registration policy in order to establish quality of and confidence in the .swiss TLD and then gradually opening up the policy to the extend possible.

18(b). How do you expect that your proposed gTLD will benefit registrants, Internet users, and others?

The key benefits of the .swiss TLD to registrants, end-users and all members of the Swiss community are derived from its purpose and use as a strictly and objectively controlled distinctive label. Registrants benefit from the very nature of the TLD, which by virtue of its purpose is designed to cater to their needs and positioning within the community. End-users benefit from the clear identification of the .swiss TLD as pertaining to all things Swiss. It is intuitive, logical and orderly.

This benefit goes beyond the eligible registrants. The effect of the controlled use of the .swiss TLD is beneficial to all members of the Swiss community, whether or not that member is eligible to register a .swiss domain name. Moreover, it is beneficial to all internet users by providing trusted content under the .swiss TLD.

The word "Swiss" means "of or relating to Switzerland or its people".
The well-established connotation of the TLD string ".swiss" (which refers directly to Switzerland) enables registrants to communicate with end-users in a way that demonstrates their qualification and commitment to the community. An eligible registrant will have a significantly higher likelihood of successfully registering a given domain under .swiss because the potential of contention is substantially lower than in the case of less-specific TLDs.

The concept of "Swiss quality" is one of the emanations of "Swiss" as an indication of origin or source. Members of the Swiss community at large, producers of Swiss products and providers of Swiss services – together with the consumers and users of those products and services – share a common interest in the trustworthiness of "Swiss" as a quality label. With the implementation of appropriate policy, the .swiss TLD supports efforts to preserve and enhance the "Swiss quality" label.

The ability to design and develop a planned portion of the name space creates a web of predictable and memorable names that will facilitate access to key resources for users. Predictability relates both to the choice of the name and to the content that the user may expect from a name corresponding to a certain pattern.

As a result of the planned nature of the name space, registered names will generally be highly predictable and memorable. The launch process and the community nexus compliance program are designed to achieve a high degree of relevance of .swiss domain names for Switzerland. The focus on Switzerland facilitates clear and easy communications to and from, as well as within, the Swiss community. Along with a policy providing strong assurances of legitimate use and intellectual property protection, the planned name space portion benefits national and international trademark holders as well as national and international Internet users.

Answers to enumerated question points:

i. The goal of .swiss is to serve the needs of the Swiss community, with a focus on controlled and curated designations as a specialty. Service levels will match or exceed the high end of currently existing TLDs. The Swiss Confederation will build and vigorously defend the reputation of .swiss as an orderly and progressive TLD for the Swiss community.

ii. As a name space specific to a sovereign country with

close to 8 million inhabitants and an economy that heavily depends on exports related to the concept of Swiss quality, the .swiss TLD provides registrants and end-users with a trustworthy space for more information and greater choice.

The .swiss TLD offers logical alternatives to the existing competitive landscape. More choices for registrants and end-users result in greater competition. The .swiss TLD is naturally differentiated from other TLDs by its scope, governance model and intrinsic meaning.

The proactive and structured development of the name space greatly enhances the potential for innovation. The process involves calls for proposals for purpose-built localized services based on designated portions of the .swiss name space. These innovations are ultimately for the benefit of the Swiss community and the advancement of the global Internet.

iii. Compared to most existing TLDs, the .swiss user experience will greatly enhance predictability and memorability of domain names.

The clarity and recognition value of .swiss is significantly higher than that of .ch, the ccTLD of Switzerland. While .ch is well-understood within Switzerland (because the Swiss ISO-3166 alpha-2 code CH is based on the traditionally-used Latin expression "Confoederatio Helvetica" meaning Swiss Confederation), it is often confused outside the country with China, for example. Moreover, a .ch domain name may be registered by anyone anywhere, with no relation to Switzerland required. With its community-based registration policy, the .swiss TLD is therefore complementary to .ch and creates new opportunities for the Swiss community. And no one is confused with the meaning of "Swiss."

The community-based focus, orderly development process and strong intellectual property support provide end-users with a significantly higher probability of finding what they are looking for under the names they would intuitively use. Users will have greater comfort on the context of naming variants: in key portions of the .swiss name space, alternative names and variants (redirected to the canonical forms) will be systematically activated. Users in the Swiss community will become accustomed to the predictability of .swiss domain names. Given the stringent validation, compliance and enforcement programs, typo-squatting, robotized pay-per-click traps or domain-for-sale pages will be eliminated under the .swiss TLD.

iv. A key purpose of the .swiss TLD is to help promote quality products and services by ensuring legitimate use of ".swiss" as a quality label. The validation, compliance and enforcement methods will match this requirement. Pre-validation will be used where justified and as long as necessary, along with other appropriate methods designed to achieve the objective of effectiveness and efficiency.

Validation and compliance measures go beyond trademark rights and community nexus in that validators will ascertain that a registrant's brand or item referred to in the domain is generally accepted as truly representative of Switzerland (see Response to Question 20(e)). For those domains that can be construed to represent a category of products or services, validation ensures that each .swiss domain serves the role of an ambassador of Swiss quality.

The validation and compliance approach will regularly be reassessed and adapted to current needs based on experience and audit findings.

As all domains are validated and subject to a strict compliance and enforcement program, the .swiss TLD will start with relatively few domains, but will be free from abusive registrations.

v. The protection of privacy and confidential information of registrants and users will comply with Swiss law. Within the bounds of applicable regulations, the registry will implement anti-data mining measures by way of rate limitation, authenticated access or white-listing/black-listing, as well as tools to prevent unauthorized recourse to repetitive automated access.

To help achieve the goals of the TLD, the .swiss TLD will implement outreach and communication programs specifically adapted to each phase of its introduction.

The pre-launch phase will involve calls for projects by innovators and pioneer users. Such projects will foster the intuitive usability of the .swiss TLD with a focus on the needs of the Swiss community. Once these domain names are active, they become an outreach mechanism in their own right because they establish the touch-and-feel of the .swiss TLD in the minds of end-users.

The launch phase will involve outreach mechanisms that specifically target participation by the Swiss public authorities, public service providers, private sector stakeholders (including trademark holders) and other relevant actors.
Throughout the launch phase (as well as at any time thereafter), targeted invitations such as promotion codes distributed through community-specific channels will be a form of outreach available. They will also constitute a low-cost method to achieve community nexus and to prevent abusive registrations.

Impressum:

Secura GmbH
Frohnhofweg 18
D-50858 Köln
Germany
Phone: +49 221 2571213
Fax: +49 221
9252272
secura@web.de

http://www.domainregistry.de;http://www.com-
domain.com

Herstellung und Verlag:
BoD - Books on Demand, Norderstedt
ISBN 9783739213262

Buchempfehlungen:

Chancen und Gefahren der Neuen Top Level Domains

Das Interesse an den neuen Domains ist auch am Buchmarkt angekommen, obwohl Bücher kein schnelles Medium sind. Langes Lektorieren und der Gutenberg-Druck machen Bücher zu einer Schnecke.

ICANN sieht in der Einführung von 1200 Neuen Top Level Domains den "Beginn eines neuen Internet-Zeitalters". Das Buch gibt Ihnen Ratschläge und Tipps wie Sie aus den Neuen Top Level Domains einen Nutzen ziehen können.

Im folgenden Buch werden die Gefahren und Chancen der Neuen Top Level Domains thematisiert:

Hans-Peter Oswald: Chancen und Gefahren der Neuen Top Level Domains
164 S. , 18,99 EUR
ISBN: 9783848253265

Anmeldung von Marken beim Trademark Clearinghouse

Erfahren Sie durch dieses Buch, wie Sie das Maximum aus dieser neu von ICANN eingerichteteten Institution herausholen können.

Was leistet das Trademark Clearinghouse?

1. Wenn eine Marke vom Trademark Clearinghouse anerkannt worden ist, dann berechtigt sie das zur Registrierung in den Sunrise Periods aller neuen Top Level Domains.

2. Markeninhaber werden über mögliche Markenverletzungen durch Domainanmeldungen von Dritten informiert, wenn Sie Ihre Marke erfolgreich im Trademark Clearinghouse angemeldet haben.

Hans-Peter Oswald: Anmeldung von Marken beim Trademark Clearinghouse

Paperback
44 Seiten
ISBN 978-3-7322-3874-3